L'OPPOSITION

LE GOUVERNEMENT

ET LES CLASSES OUVRIÈRES

Par un Ouvrier typographe

Délégué en 1862 à l'Exposition universelle de Londres.

PRIX : 1 FRANC.

PARIS

LIBRAIRIE SCIENTIFIQUE, INDUSTRIELLE ET AGRICOLE

Eugène Lacroix

Éditeur des Rapports des Ouvriers parisiens délégués à Londres (1862)

QUAI MALAQUAIS, 15.

1865

IMPERIAL TIMBRE

L'OPPOSITION

LE GOUVERNEMENT

ET LES CLASSES OUVRIÈRES

I

Il y avait longtemps que les débats parlementaires n'avaient offert une animation semblable à celle qui a marqué les débuts de la session actuelle, et que la ligne de démarcation qui sépare le gouvernement et l'opposition ne s'était si nettement dessinée.

Quelles qu'aient été, depuis, les atténuations, les habiletés, les réticences et les obscurités oratoires, bien qu'une sorte de trève ait été conclue, il est clair que la situation peut se résumer ainsi :

Toutes les demandes, toutes les propositions formulées par l'opposition sont invariablement condamnées par le gouvernement et repoussées par la majorité.

En revanche, toutes les mesures prises ou proposées

par le gouvernement sont systématiquement blâmées et combattues par l'opposition.

Arrivée à un tel point, la lutte peut donner lieu à de brillants discours, à de tristes récriminations peut-être, mais tout cela ne fait pas les affaires du pays.

Il faut vraiment du courage pour oser demander en France que les actes et la conduite d'un gouvernement existant soient jugés sans passion et sans parti pris; il semble passé en principe qu'un bon citoyen doit avant tout être l'adversaire du pouvoir, et on ne saurait croire combien cette idée est enracinée chez le peuple le plus spirituel du monde.

Que l'on ait été l'adversaire d'un gouvernement absolu, despotique, dictatorial, cela se comprend parfaitement; mais que l'on reste quand même son ennemi, que l'on continue à l'attaquer à outrance alors qu'il modifie profondément sa ligne de conduite et qu'il accomplit d'importantes réformes, cela ne nous semble ni juste ni patriotique.

Ah! sans doute, nous avons encore beaucoup à demander, beaucoup à obtenir; mais c'est justement ici où nous trouvons que l'opposition suit la voie la moins propre à nous faire donner ce qui nous manque. Son attitude et son langage ressemblent à ceux d'un plaideur qui tiendrait à son adversaire un raisonnement dans le goût de celui-ci :

« Il n'y a pas de transaction possible entre nous, je veux vous ruiner ; mais vous avez entre les mains des moyens de défense qui m'inquiètent un peu, et je désirerais que vous fussiez assez bon pour vous en défaire. »

Une telle invitation pourrait être répétée souvent sans obtenir de réponse satisfaisante.

C'est ainsi, à n'en pas douter, que la majorité du Corps législatif interprète les critiques et les griefs que l'on fait passer sous ses yeux. Croyant sans cesse avoir à se prononcer entre le gouvernement et la révolution armée, elle se jette à corps perdu dans les bras du pouvoir, qu'elle paraît même toujours disposée à dépasser en mesures restrictives.

Ce qui nous frappe dans le système de l'opposition, c'est que le terrain sur lequel elle se place tout spécialement est celui des libertés et des faits politiques. A l'entendre, le pays ne ressent qu'une seule privation, n'éprouve qu'un seul désir : il lui faut avant tout les libertés politiques ; le reste lui importe peu.

Certes, il serait difficile de prêter à la France des sentiments plus éloignés de la vérité : ceux qui développent de telles maximes ne connaissent guère les premiers vœux et les principaux besoins des populations. Les libertés dont on parle tant sont choses précieuses, sans doute, mais elles ne sauraient passer avant celles qui touchent à l'existence même de l'individu. Ceux qui sont en possession de toutes les jouissances matérielles peuvent trouver que les libertés intellectuelles sont les premières qu'ils aient à réclamer; mais le peuple, qui souffre par tous les bouts, veut surtout l'allégement de sa peine, et ce sont les progrès sociaux qu'il sollicite et qu'il a toujours sollicités.

C'est pour avoir dédaigné ce point fondamental que se sont successivement perdus tous les gouvernements. Les partis ont pu agiter le peuple, mais, quoiqu'on en dise, ce sont ses souffrances méconnues qui l'ont jeté dans la rue.

Savez-vous pourquoi vous êtes tombés à votre tour, hommes d'État de 48? C'est parce que vous avez cru, comme aujourd'hui, que les libertés politiques étaient l'unique vœu de la France; c'est parce que, après avoir donné ces libertés accessoires, vous avez négligé tous les progrès sociaux qui étaient le but, le vrai but de ceux qui avaient renversé la royauté. Le chômage frappait nos populations industrielles, et vous n'avez rien su faire pour les soulager. Le commerce et l'industrie voyaient s'arrêter les transactions et la production, les campagnes subissaient la crise produite par l'abaissement subit du prix des denrées agricoles, et c'est ce moment que vous avez choisi pour augmenter de moitié les impôts, les impôts en argent, si lourds et si insupportables pour le paysan. Les ouvriers de la capitale demandaient du travail et du pain; vous les avez parqués dans les ateliers nationaux, et lorsque ces hommes que vous aviez envoyés au combat en février sont venus vous sommer d'accomplir enfin vos promesses, vous leur avez montré l'épée de Cavaignac....

Que les gouvernements s'appellent monarchie, république ou empire, ils auraient tous le même sort s'ils faisaient les fautes mortelles que vous avez commises.

Le 25 février, la France entière était républicaine, le pays était calme et espérait, toutes les libertés s'épanouissaient.

Quatre mois après, la République était détestée, une atroce guerre civile ravageait la capitale, l'état de siége avait étouffé la dernière de nos libertés.

Tout cela en quatre mois....

Est-ce vrai?

Ce qui se passe au Corps législatif n'indique pas que cette triste expérience ait beaucoup profité à ses auteurs, car nous les voyons persévérer dans leur politique nuageuse, et, ne pouvant plus pratiquer eux-mêmes leurs théories, s'efforcer de les faire adopter par le pouvoir actuel.

On est bien obligé enfin de se demander si c'est sincèrement que parlent quelques-uns des hommes que l'on aperçoit au milieu de ce groupe appelé l'opposition libérale. On n'en peut croire ses oreilles quand on entend retentir à la tribune les déclamations ultra-démocratiques de personnages qui appartenaient naguère aux fractions les plus prononcées des partis royalistes ; quand on entend cet ex-ministre de Louis-Philippe élever la voix pour défendre le suffrage universel et pour demander la sincérité du vote, lui, l'ancien serviteur d'un gouvernement qui faisait marché public des électeurs et des élus censitaires, lui qui, en 1851, à l'Assemblée législative, s'indignait contre ceux qui voulaient conserver le droit électoral à ce peuple qu'il appelait la *vile multitude!* De quoi faut-il s'étonner le plus, ou de l'aplomb du fameux ministre orléaniste, ou de la bonhomie de ceux qui l'ont élu comme député libéral ?

Le droit divin lui-même n'est-il pas représenté dans le *parti avancé* par un de ses défenseurs les plus ardents et les plus illustres? N'avons-nous pas entendu aussi ce chevalier de la monarchie absolue, du règne des jésuites et de l'invasion étrangère, ne l'avons-nous pas entendu s'enflammer au mot de liberté, et n'est-ce pas là encore un des rôles les plus impossibles de la comédie parlementaire?

Comment se fait-il donc qu'avec de tels éléments, de tels organes et un tel passé, l'opposition ait encore de si nombreux points d'appui? Comment se fait-il que les électeurs de la capitale et des centres populeux semblent avoir oublié l'histoire et être pris d'une prédilection si marquée pour tous ceux qui se présentent comme hostiles au pouvoir? C'est ce que nous verrons tout à l'heure. Ce que nous voulons seulement pour le moment, c'est examiner si les classes ouvrières ont un intérêt quelconque à se faire plus longtemps l'instrument des manœuvres de la singulière alliance qui constitue aujourd'hui ce que l'on pourrait appeler l'opposition *introuvable*.

Notre examen ne sera ni long ni difficile, car tous ces orateurs intarissables ont pu mettre en œuvre leurs idées et leurs principes. Or, nous avons vu ce qu'avait fait pour le peuple le gouvernement de 1848, et nous savons aussi ce qu'ont été et ce que seraient pour lui les monarchies de la noblesse et du cens électoral. Ce n'est pas par les discours qu'il faut juger les hommes, c'est par les actes; on sait ce que valent les protestations et les serments politiques.

Pouvons-nous espérer mieux du nouvel empire? Tout nous porte à le croire. Le gouvernement actuel, bien que monarchique, est établi sur des principes complètement nouveaux et qui auront toujours sur sa direction une influence irrésistible. Sorti du suffrage universel, soumis, au moins indirectement, au jugement périodique de la nation entière, ce n'est que dans la satisfection générale qu'il peut trouver sa stabilité et sa sécurité. Supposer que le chef de l'État ne comprendra pas la situation nouvelle qui est faite à son gouvernement, ce serait, à notre avis, admettre une absurdité et un non-sens contre lesquels protestent d'avance l'habileté et le tact dont Napoléon III a fait preuve dans la conduite de ses propres affaires et dans ses relations avec les puissances européennes.

Comme on le voit, notre sympathie n'est nullement désintéressée. Ardemment dévoué à la nombreuse classe à laquelle nous appartenons, nous sommes convaincu que l'Empereur n'a ni l'intention ni la possibilité de se soustraire aux conséquences de la révolution à laquelle il doit son sceptre, et c'est là le motif de notre préférence.

Notre espérance et notre confiance dans l'empire reposent donc sur quelque chose de plus solide et de plus stable que des sentiments et des tendances plus ou moins variables; elles sont mathématiques.

Voilà aussi pourquoi nous engageons les travailleurs à retirer aux partis politiques l'appui illogique et désastreux qu'ils leur ont trop souvent donné, de secouer cette tutelle onéreuse, et d'adresser eux-mêmes au pouvoir leurs plaintes et leurs réclamations.

C'est à l'adoption de cette ligne de conduite que les ouvriers typographes et les délégués des diverses industries parisiennes ont dû la satisfaction de voir tomber l'ancienne loi des coalitions, dont la réforme avait été refusée par tous les gouvernements précédents.

On doit se souvenir de l'accueil fait par l'opposition à la nouvelle loi. Que d'attaques, de dénigrements, d'efforts pour dénaturer la portée des dispositions qu'elle contenait! Que de sombres prédictions, que d'effrayantes perspectives on déroulait devant nos populations industrielles, qui, hésitantes et inquiètes, se demandaient si cette législation n'était pas réellement un piége diabolique, un horrible guet-apens! Et que d'insinuations sournoises et d'interprétations malveillantes jetées sur l'éminent orateur à qui nous devons une si grande part de ce succès populaire!

Depuis la nouvelle loi, plus de cent mille ouvriers se sont mis en grève dans la capitale, et jamais l'ombre d'une poursuite ne leur est apparue : la loi est donc jugée. Ses anciens adversaires diront sans doute qu'elle n'en contient pas moins des embûches cachées, et que la latitude laissée aujourd'hui n'est qu'une tolérance. S'il en était ainsi, cela prouverait, mieux encore que notre raisonnement, que ce ne sont pas les progrès sociaux que repousse le gouvernement, mais bien les intrigues politiques; et s'il était vrai qu'il eût cherché à se ménager des moyens d'action détournés, ce ne serait pas contre la classe ouvrière qu'il aurait pris ces précautions, mais contre les rôdeurs qui auraient pu songer à exploiter les crises qui devaient naturellement se produire.

Mais, pour l'opposition, la nouvelle loi avait une tache originelle ineffaçable : elle était présentée par le gouvernement. Cela suffisait : les membres de la gauche ont voté contre le projet, et si nous avons aujourd'hui la liberté des coalitions, ce n'est pas à eux que nous pouvons en savoir gré.

Nous répèterons à ce sujet ce que nous avons déjà dit : en suivant une telle marche, l'opposition ne rend pas seulement impossible l'avènement des libertés dont elle déplore si amèrement l'absence, mais encore elle sacrifie les plus graves intérêts à ses rancunes, elle met obstacle à tous les progrès, elle obscurcit l'avenir, elle nous entraîne de nouveau vers les orages et les tempêtes.

C'est cette désastreuse routine qu'il faut mettre de côté. Les hommes véritablement dévoués à la démocratie doivent tout lui sacrifier, tout.... jusqu'à leurs rêves les plus chers, jusqu'à leurs plus vivaces sympathies, jusqu'à leurs affections personnelles; il faut aimer le progrès pour lui-même et ne pas subordonner son essor à la satisfaction égoïste de nos goûts et de nos idées. C'est là le vrai libéralisme.

II

D'où viennent l'appui et la force que l'opposition trouve en France, principalement dans la capitale, dans les grandes villes et dans les agglomérations industrielles? Où se recrutent la plus grande partie de ces phalanges de mécontents sans cesse renouvelées, et qui donnent tant d'assurance et de prestige aux chefs de file des députés opposants?

D'abord dans les rangs de la classe ouvrière, parmi cette nombreuse population exposée à toutes les épreuves amenées par les fluctuations industrielles et commerciales qui sillonnent notre époque si pleine de transformations inouïes; parmi cette masse de travailleurs qui se débattent incessamment sous les étreintes du

2

chômage, de l'insuffisance des salaires, de la non-satis-
faction des besoins nouveaux qu'ont fait naître les mo-
difications et les révolutions économiques, le développement de l'instruction et de l'intelligence, et la con-
science du rôle nouveau qui appartient au dernier des
citoyens;

Puis encore parmi ces modestes catégories de petits
commerçants et de petits industriels qui vivent principalement par la consommation de la classe peu aisée,
et dont, par conséquent, la prospérité dépend du bien-
être de celle-ci;

Parmi tous ceux, en un mot, qui végètent pénible-
ment et qui, n'ayant rien à perdre, sont toujours dis-
posés à livrer l'avenir au premier empirique qui leur
fait entrevoir le Paradis terrestre.

Au milieu des querelles et des disputes parlementaires, qui donc s'occupe du mouvement gigantesque
qui remue les classes ouvrières en France et dans toute
l'Europe? Qui est-ce qui porte ses regards sur ces agi-
tations quelquefois muettes, mais toujours formidables,
qui se produisent sans relâche depuis quelque temps?
Qui est-ce qui écoute cheminer pas à pas, lentement
mais sûrement, ces masses compactes qui cherchent
leur place au soleil?

Personne, semblerait-il.

Nous avons dit qu'à Paris seulement plus de cent

mille ouvriers s'étaient mis en grève depuis quelques mois, et nous pouvons ajouter que des faits semblables ont eu lieu dans une foule de localités. Eh bien! qui s'est préoccupé de ces symptômes accusateurs d'un malaise général? Qui a songé à éveiller là-dessus l'attention du Sénat et du Corps législatif?

Personne encore. Le gouvernement, la majorité, l'opposition, la presse, tout le monde a été d'accord pour laisser à l'écart la plus grave des questions actuelles. Par compensation, on entretenait beaucoup le public de deux complaintes, appelées *Encyclique* et *Syllabus*, dont il ne songeait aucunement à s'occuper.

On ne manquera pas de nous dire que nous exagérons la portée et la signification des coalitions, et qu'il ne faut voir là que l'entraînement qui accompagne d'ordinaire l'exercice d'une faculté nouvelle; on nous répétera ce qui se dit dans toutes les sphères élevées, dans tous les discours et dans tous les documents officiels, c'est-à-dire que le travail est abondant et bien rétribué, que les salaires se sont élevés partout dans une forte proportion, qu'enfin les populations laborieuses possèdent plus de bien-être qu'elles n'en ont eu à aucune époque.

Eh bien! nous protestons de toutes nos forces contre ces assurances aussi erronées que solennelles; nous affirmons hautement que *l'ouvrier souffre plus que ja-*

mais de l'irrégularité du travail, de la médiocrité des salaires, et du prix excessif des objets de premiere consommation.

Nous voudrions pouvoir crier cela à tous les échos, le répéter sans cesse à ceux qui ont à s'occuper du bonheur du pays. Nous voudrions surtout que notre voix eût assez de force et de retentissement pour parvenir jusqu'au souverain dont les paroles et les promesses viennent si souvent nous faire entrevoir un meilleur avenir.

Certes, nos allégations pourront paraître insensées si on les met en regard des pièces officielles, du résultat apparent des enquêtes et des informations qui se font de temps à autre sur l'état de l'industrie nationale; elles peuvent surtout paraître extraordinaires en face du développement prodigieux de nos exportations en produits fabriqués.

Nous n'en maintenons pas moins nos affirmations positives et absolues, et nous tâcherons d'expliquer tout à l'heure la prétendue contradiction qui existe entre cette augmentation de la production générale et la ralentissement du travail manuel.

Comment, d'ailleurs, le gouvernement connaîtrait-il la vérité sur l'état des populations ouvrières? Quels moyens emploie-t-on pour y arriver? Toujours les méthodes surannées du passé, des enquêtes factices, des enquêtes de convention, complètement superficielles et inexactes, et allant, par cela même, contre le but qu'elles doivent remplir.

Nous citerons un exemple tiré de la dernière statistique publiée par la chambre de commerce de Paris sur la situation de l'industrie locale. Ce document est, pour ainsi dire, officiel, et il est à peu près le seul que l'on puisse consulter pour avoir un aperçu du mouvement industriel de la capitale et de la rétribution payée aux ouvriers des diverses professions. Sait-on quel mode on a suivi pour établir le chiffre des salaires?

On s'en est uniquement rapporté aux déclarations des chefs d'établissements, et on n'a même pas eu l'idée d'interroger les ouvriers sur une question qui les concernait si intimement....

Cela peut paraître invraisemblable, mais c'est vrai.

Or, quel résultat sérieux espérait-on en s'adressant exclusivement à des hommes fort honorables sans doute, mais qui sont naturellement enclins à grossir les salaires qu'ils payent, qui ne tiennent aucun compte des non-valeurs et des chômages, et qui très-souvent, en outre, ne connaissent pas du tout le gain personnel des ouvriers?

Si on voulait un jour se rendre compte des bénéfices réalisés par les chefs d'industrie, — ce qui serait peut-être fort utile aussi, — aurait-on la pensée déraisonnable de s'en tenir aux évaluations de leurs employés?

Aussi ne faut-il pas s'étonner si la statistique dont nous parlons porte le salaire moyen à 4 fr. 50 par jour et par homme, alors que d'après nos calculs, à nous ouvriers, cette moyenne atteint à peine 3 fr. et ne dépasse pas, à coup sûr, 3 fr. 50!

A notre tour, nous demandons une enquête, une véritable enquête, et non un simulacre d'information. Le plus beau jour de notre vie sera celui où on nous prouvera que la classe ouvrière est heureuse.

La chose en vaut la peine. Nous ne demandons pas qu'on interroge tous les ouvriers, mais il est possible de s'éclairer d'une façon plus simple.

Ainsi, à l'issue de la dernière Exposition de Londres, les délégués de la plupart des industries parisiennes ont consigné dans des rapports leurs appréciations sur la situation de leur profession respective; eh bien! ces rapports constatent presque tous les mêmes maux. Les délégués déclarent que le travail va mal, qu'il est peu rétribué, qu'enfin l'ouvrier se trouve dans une position extrêmement pénible (1).

Si l'on pense que les déclarations écrites des délé-

(1) Ces documents, au nombre de plus de cinquante, ont été réunis en un volume qui forme un recueil des plus intéressants. Il en reste quelques exemplaires à la librairie Lacroix, quai Malaquais, 15.

gués sont exagérées, ou si l'on suppose que, justifiées à l'époque où elles ont été formulées, elles n'ont plus aujourd'hui leur raison d'être, alors qu'on interroge ceux qui les ont faites, et qu'on les invite à modifier ou à renouveler leurs appréciations. Si l'on croit que ces ouvriers ne représentent plus suffisamment les sentiments et les idées de leurs camarades, qu'on autorise ceux-ci à choisir des mandataires nouveaux dans lesquels ils auront pleine confiance et qui feront connaître la vérité.

Qu'on fasse cela ou qu'on fasse autre chose, qu'on prenne n'importe quel moyen pour savoir ce qu'il en est réellement, mais, pour Dieu! qu'on ne prenne pas le facile et dangereux parti de ne rien faire!

Les plaintes dont les délégués-ouvriers se sont fait les organes ont beaucoup contribué, nous le savons, à amener la liberté des coalitions, et le gouvernement a prouvé par là que le temps n'était plus où les aspirations du peuple étaient dédaignées et étouffées. Mais les grèves ne sauraient accroître l'étendue des travaux à exécuter, ni empêcher le chômage, ni remédier efficacement aux conséquences de la surélévation incessante des denrées alimentaires, des loyers, de tout ce qui constitue les premières nécessités de la vie. Dans l'organisation actuelle de l'industrie, les grèves ne peuvent avoir de résultats avantageux pour l'ouvrier qu'autant que le travail est abondant et les bras recherchés ; dans le cas contraire, les efforts les plus désespérés demeurent impuissants : les hausses de salaires qui ont pu être arrachées disparaissent et ne laissent à leur place que le souvenir des sacrifices accomplis et la perspective de nouvelles douleurs à supporter.

Il y a trois mois environ, le Conseil d'Etat a fait une enquête sur la boulangerie, et, pour la première fois peut-être depuis que la France est une nation, des ouvriers ont été appelés à donner leur avis : un certain nombre de délégués ont été entendus, et nous savons qu'un des membres les plus éminents du Conseil d'Etat a rendu justice à leur bon esprit et à leur intelligence. Voilà, certes, une innovation vraiment libérale et fructueuse pour tout le monde ; mais pourquoi ne pas l'appliquer à tout le reste ? Pourquoi ne pas faire pour l'industrie en général ce qu'on a fait pour la boulangerie ? Sans doute, le prix du pain est une question importante, mais elle ne peut être comparée à celles qui touchent au salaire et au travail lui-même.

Encore une fois, nous sommes profondément convaincu des excellentes intentions de l'Empereur et de son gouvernement en faveur des classes ouvrières ; mais nous disons que tant que l'on ne changera pas les vieux procédés, tant qu'on conservera les fausses traditions et les rouages usés des pouvoirs antérieurs, on n'obtiendra rien de profitable et de véritablement utile à ceux qui sont nouvellement entrés dans la vie nationale. Tout est changé dans les mots et à la surface des choses; rien n'est changé au fond. Le génie de la Révolution n'a pas encore pénétré dans certaines couches de la société. Notre constitution politique et civile a été remaniée de fond en comble, mais les mœurs sont restées les mêmes. C'est en vain que le chef de l'Etat tente de faire pénétrer partout l'esprit vivifiant qui l'inspire: lorsqu'il s'agit des réformes sociales, ce souffle rénovateur doit traverser tant d'obstacles, il doit circuler à travers tant de canaux engorgés par les préjugés du passé, que, lorsqu'il arrive au peuple, il est presque toujours dénaturé et méconnaissable. C'est la vapeur appliquée au coche; c'est une greffe féconde, gonflée de sève et de promesses, implantée sur un tronc rongé par la vétusté.

Que l'on ne dise pas que nous tirons d'un fait isolé des conclusions outrées, et que d'une exception nous faisons la règle. Le vice que nous signalons est général; il se retrouve dans toutes nos administrations, dans toutes nos institutions. Dans leurs contacts obligés avec les personnages qui représentent à divers titres et à différends degrés le gouvernement, les classes inférieures se heurtent à chaque instant contre l'indifférence et le dédain, trop souvent même contre le mauvais vouloir et l'hostilité; tout vient leur rappeler leur ancien esclavage et leur apprendre combien elles auront encore à lutter avant de se faire donner l'accolade par les classes anciennement privilégiées.

Nous allons ajouter quelques faits à celui que nous avons cité à propos de la chambre de commerce de Paris.

Il y a bientôt trois ans, on s'est beaucoup occupé du procès des typographes poursuivis pour avoir exigé collectivement une augmentation de salaire. On sait dans quelle situation exceptionnellement favorable les prévenus se présentaient devant la justice, et, en définitive, combien leur cause était équitable. Eh bien! il est difficile de se figurer avec quelle dureté, avec quelle brutalité, avec quel insultant mépris ont été traités par un des magistrats ces hommes poursuivis au nom d'une loi qui agonisait. Cela a été poussé si loin que, malgré la grâce accordée, malgré la réforme légale, quelques-uns d'entre eux en ont conservé une de ces impressions qui s'effacent difficilement. — Ainsi, pendant que l'Empereur ordonnait la mise en liberté provisoire des prévenus, et exprimait même ses regrets de ne pouvoir en cette circonstance empêcher l'exécution des lois, pendant que la grâce qui devait intervenir plus tard était pour ainsi dire signée d'avance, ces prévenus étaient malmenés comme des misérables de la pire espèce!

Que vient-il encore de se passer récemment à Bordeaux et à Tulle? Deux autres faits qui ont dû jeter l'irritation chez des milliers de citoyens.

Dans la première de ces villes, les ouvrières en cigares occupées à la manufacture des tabacs se sont mises en grève; nous ne savons au juste pour quel motif, mais nous dirons en passant que cela ne devrait jamais se produire dans un établissement de l'Etat. Qu'a fait la direction? Au lieu de chercher à calmer ces têtes féminines et méridionales, au lieu d'avoir recours à quelque moyen de conciliation (nous sommes persuadé que cela eût été très-facile), elle a publié un avis par lequel elle signifiait aux mécontentes que si le travail n'était pas repris le lendemain aux conditions imposées, la manufacture serait fermée pour un mois. C'était clair et précis. Ce qu'un particulier n'aurait peut-être pu faire, l'Etat le pouvait : on aurait suspendu la fabrication ou on l'aurait transportée dans une autre localité. Les ouvrières l'ont bien compris : elles se sont inclinées et se sont remises au travail. Voilà un millier de femmes, représentant sans doute plusieurs centaines de familles, qui n'oublieront pas non plus, on peut y compter, ce qui vient de se passer; voilà encore de nombreuses rancunes jetées volontairement dans une grande ville. Le litige était donc bien sérieux pour que l'administration ait cru devoir recourir à une mesure aussi vexatoire? — Un des candidats de l'opposition a failli être élu aux dernières élections bordelaises; il réussira peut-être à la première occasion. La régie aura des cigares selon son cœur, mais le gouvernement comptera des ennemis de plus.

A Tulle, la question était plus sérieuse : il s'agissait de la perception d'une taxe nouvelle réclamée aux paysans qui apportent leurs denrées sur le marché de la ville. Cette taxe était-elle opportune, était-elle juste? nous l'ignorons. Nous comprenons que le respect de l'autorité locale était engagé jusqu'à un certain point ; mais ce que l'on a fait était-il ce qu'il aurait fallu faire? En voyant l'extrême animation de ces hommes blessés dans leurs habitudes et dans leurs intérêts, était-il bien sage, bien nécessaire de faire intervenir la force? Quels inconvéniens, quels dangers y aurait-il eu à différer d'un jour ou deux la perception du nouvel impôt et à faire connaître au gouvernement l'état des esprits? Celui-ci aurait avisé, et si la nouvelle taxe répugnait par trop aux paysans, on aurait pu l'adoucir, la transformer, l'ajourner même. Ce qu'il fallait avant tout, c'était éviter une lutte déplorable, suivie de mort d'homme, de quinze condamnations à plusieurs mois de prison, de familles frappées dans leurs plus graves intérêts et dans leurs plus chers sentiments, et un mécontentement très-vif et très-général répandu dans les campagnes environnantes. C'est là une mauvaise opération financière; qu'on nous permette de le dire.

Deux mots sur un autre sujet.

Il y a à Paris un hospice nouvellement établi sous le plus haut patronage, et spécialement destiné au jeune âge. Un de nos amis y avait fait admettre, il y a moins de deux mois, un de ses enfants; mais il s'est empressé de le retirer au bout de quarante-huit heures, effrayé de la négligence et de l'abandon dont l'enfant était l'objet. Nous avons interrogé d'autres personnes, et nous n'avons entendu que des plaintes semblables.

Le gouvernement a aussi établi des crèches qui, bien dirigées, pourraient être très-utiles. Nous en connaissons deux : c'est lamentable.

Nous n'irons pas plus loin, car multiplier les exemples serait aussi inutile que facile : si quelques-uns ne suffisaient pas à ouvrir les yeux au gouvernement, cent mille ne feraient pas davantage.

III

Après avoir affirmé le malaise des populations industrielles, nous allons tâcher d'en indiquer brièvement la source principale.

En examinant ce qui se passe depuis une quinzaine d'années, on remarque tout d'abord que nos anciens moyens de production ont été bouleversés de fond en comble. La vapeur a pénétré partout, la mécanique a fait des miracles, les moyens de transport se sont multipliés à l'infini. Chaque jour amène son progrès, qui se traduit par une réduction nouvelle dans l'emploi des forces de l'homme et par une crise partielle, plus ou moins sensible au point de vue général, mais toujours très-pénible pour ceux qui la supportent.

On dit, il est vrai, que le perfectionnement des moyens de fabrication augmente énormément la consommation, et que le malaise passager qui en résulte est largement compensé plus tard ; mais cela serait-il vrai, que la succession non interrompue de ces crises n'en finit pas moins par produire pour la classe ouvrière une situation qui a les mêmes conséquences désastreuses qu'un état permanent. On a à peine surmonté les effets d'une première transformation qu'on est aux prises avec une seconde, et, en définitive, les débouchés n'étant pas infinis, les exigences de la concurrence poussant chaque industriel à faire établir le plus grand nombre possible de machines, il faut bien admettre qu'il y a un point où la production mécanique et l'activité des bras doivent se trouver en présence. Pour empêcher ce résultat fatal, ou il faudrait mettre des bornes aux merveilles créées par le génie de l'homme, ou trouver le moyen de toujours proportionner la consommation et l'exportation aux forces nouvelles, *quelles qu'elles soient*, hommes et machines, dont nous disposons aujourd'hui, et même à celles dont nous disposerons demain. Or, ces deux choses sont aussi impossibles l'une que l'autre.

Les quelques industries qui ont échappé jusqu'ici à l'action immédiate des nouveaux agents n'en subissent pas moins leur influence indirecte ; car les ouvriers déclassés cherchent partout l'existence, et les professions qui ont conservé leurs anciens procédés se voient elles-mêmes assiégées par l'offre des bras qui surabondent ailleurs.

Nos exportations se sont prodigieusement accrues depuis quelques années, cela est vrai; mais nous ferons observer que cela ne saurait nous donner aucune espèce d'indication sur l'importance du travail manuel. En admettant que la production soit triplée, quelle garantie d'activité cela peut-il avoir pour l'ouvrier si les agents mécaniques ont décuplé leur puissance? Nous avons, par exemple, tels nouveaux métiers qui, à l'aide de deux ou trois personnes, exécutent la besogne de quarante ou cinquante paires de bras; peut-on prétendre que la consommation a augmenté dans la même proportion?

Nous croyons, de plus, qu'on s'est laissé éblouir un peu trop vite par les accroissements considérables d'exportations qui ont marqué les premiers pas de notre industrie dans la nouvelle voie. Avec nos nombreux et puissants moyens de communication, avec nos colonies et nos expéditions lointaines, avec le prestige du nom français, nous avons, il est vrai, énormément augmenté nos débouchés, et, lancés les premiers sur les marchés étrangers, nous avons inondé de nos produits manufacturés toutes les contrées arriérées. Mais il ne faut pas oublier que cet état de choses peut et doit même être provisoire, que chaque objet fabriqué emporte avec lui le secret de sa fabrication, et que la première préoccupation des individus et des nations est de chercher à s'affranchir des tributs qu'ils payent à leurs voisins et à s'ouvrir à leur tour le marché universel.

Une lettre adressée dernièrement aux journaux de Paris par les maîtres chapeliers renferme deux lignes qui méritent bien un peu d'attention. Ces industriels, répondant à leurs ouvriers qui demandent une augmentation, disent que les commandes se sont ralenties, que plusieurs des contrées éloignées où ils expédiaient leurs produits ont établi elles-même des manufactures, et qu'élever le prix de la main-d'œuvre dans une telle occurrence serait s'exposer à voir diminuer encore la somme du travail...

On ne saurait mieux exposer la question qui nous occupe. Il n'y aurait rien d'impossible à ce que nos exportations touchassent à leur chiffre maximum, et qu'un temps d'arrêt ou même une réaction fût sur le point de se manifester. Comme pour donner plus de vraisemblance à notre appréciation, le relevé des douanes des deux premiers mois de 1865 signale une diminution de 25 millions dans la valeur des produits exportés à pareille époque de l'année dernière. Certes, nous ne voulons tirer aucune déduction rigoureuse de quelques chiffres recueillis dans une période aussi courte; cependant, ce rapprochement nous a frappé.

En outre, nous le répétons, le chiffre de la production ne signifie absolument rien au point de vue où nous nous plaçons. Il y a actuellement deux grandes forces rivales dans l'industrie : la force humaine et la force mécanique. Il est certain que lorsque les besoins de la consommation n'exigent qu'une partie de la puissance de ces deux agents, c'est toujours le plus coûteux, c'est-à-dire l'homme, qui est mis de côté. Donc, pour lui, inaction et famine !

Nous n'ignorons pas que ce que nous disons ici est en désaccord avec les théories économiques généralement admises; mais les écoles économiques, comme les écoles politiques, ne sauraient empêcher la marche de l'humanité. Pendant qu'elles en sont encore à étudier le mouvement d'hier, celui d'aujourd'hui l'a remplacé, celui de demain va suivre, et lorsqu'elles ont trouvé ou cru trouver la première solution, une génération a passé, un monde nouveau s'est formé, les formules qui étaient vraies d'abord sont devenues des erreurs caduques. C'est pour cela qu'en économie sociale la théorie est si souvent en brouille avec la pratique, et que les gouvernements sont toujours en retard sur les besoins des gouvernés.

Si nous sommes dans l'erreur sur les causes de l'état de souffrance où se trouve aujourd'hui la population industrielle, nous ne nous sommes pas trompé sur la situation elle-même. Si le mal n'est pas où nous l'avons dit, il est ailleurs, mais il existe : il faut donc le chercher et le détruire. C'est un immense problème que nous soumettons humblement à l'attention du souverain et des grands pouvoirs de l'État. Éluder la solution est impossible; la différer ne ferait que prolonger inutilement la crise.

On a dit avec vérité que les rapports entre le capital et le travail étaient la question la plus grave des temps modernes. Nous dirons que cette gravité ne fait que grandir avec la multiplication des forces du capital et des agents mécaniques qu'il appelle à son aide, aussi bien qu'avec l'importance incontestable que prennent dans la société les classes ouvrières, tant par leur élévation intellectuelle que par les libertés et les droits nouveaux qu'elles possèdent.

Qu'on ne vienne pas nous dire que l'État n'a rien à voir dans cette lutte formidable où s'épuisent des millions d'hommes. Nous ne croirons jamais qu'un tel argument pût être regardé comme sérieux.

L'État, qui s'occupe si vivement de développer la production par tous les moyens, qui encourage tous les progrès et toutes les inventions, qui a recours à toutes sortes de stimulants et de récompenses pour aiguillonner les arts et les sciences, l'État ne peut pas négliger d'étudier les effets produits par de tels changements sur le bien-être d'un si grand nombre de citoyens qui n'ont d'autres moyens d'existence qu'un salaire éminemment élastique et incertain, et que tant de forces, tant de puissances, tant de bouleversements attaquent de concert. Les merveilles mécaniques contribueront, nous n'en doutons pas, au bonheur des peuples; mais c'est à la condition que les progrès sociaux seront à la hauteur des progrès matériels, et que l'ouvrier ne sera pas condamné à maudire les prodiges qu'il a si largement contribué à créer.

Aujourd'hui les grandes fortunes se forment, les grands industriels prospèrent, mais le peuple n'est pas heureux. La richesse s'accroît en haut, l'aisance disparaît en bas : tel est le phénomène incontestable que nous avons sous les yeux.

IV

Voici, en résumé, quel a été notre but :

Faire entendre à l'opposition combien la tactique qu'elle emploie nuit à la liberté, à la sécurité du pays, au développement de nos institutions, et comment aussi elle détourne des questions les plus urgentes l'attention publique, l'attention du gouvernement et la sienne propre ;

Montrer à la classe ouvrière à quel point elle s'égare en se mettant au service des partis politiques, et lui prouver que la voie la plus profitable qu'elle puisse suivre pour améliorer son sort est d'abandonner ce terrain trompeur et de concentrer tous ses efforts sur les progrès sociaux ;

Signaler au chef de l'État quelques-unes des causes principales qui tendent à perpétuer la séparation séculaire du peuple et du pouvoir, et, par-dessus tout, la pressante nécessité d'apporter dans notre organisation industrielle les réformes que demande impérieusement l'époque où nous vivons, époque unique dans l'histoire des peuples.

A. BAZIN,
Ouvrier typographe.

15 avril 1865.

Paris. — Imprimé chez Bonaventure et Ducessois, 65, quai des Grands-Augustins.